EL BARCO
DE VAPOR

El descubrimiento de Rasi

Begoña Oro

Ilustraciones de Dani Montero

LITERATURA**SM**•COM

Primera edición: abril de 2016

Edición ejecutiva: Gabriel Brandariz
Coordinación editorial: Carolina Pérez
Coordinación gráfica: Lara Peces

Impresores, 2
Parque Empresarial Prado del Espino
28660 Boadilla del Monte (Madrid)
www.grupo-sm.com

ATENCIÓN AL CLIENTE
Tel.: 902 121 323 / 912 080 403
e-mail: clientes@grupo-sm.com

ISBN: 978-84-675-8613-8
Depósito legal: M-5066-2016
Impreso en la UE / *Printed in EU*

Para Miss Ormiston y todos los alumnos,
profesores y padres de Ranelagh
Multi-Denominational School
(¡y Miss Whelan, claro!),
que nos dieron mucho más que una lengua.

LA PANDILLA DE LA ARDILLA

NORA

Nora es tímida.
Le **encantan** la naturaleza,
las cosas bonitas,
los cuentos de su abuela
y los libros.

AITOR

A Aitor también le gustan
los libros, la música...
y es un aventurero.
A veces saca versos
de dentro del sombrero.
Y es que Aitor es nervioso
y medio poeta.

IRENE

Irene es tan nerviosa
como Aitor... o más.
Irene es tan «más»
que le encantan las sumas,
el fútbol y la velocidad.
Pero hasta una deportista veloz
necesita calma de vez en cuando.

ISMAEL

Ismael es experto
en mantener la calma,
comer piruletas, pintar
¡y hacer amigos!
¡Ah! A veces
(muchas veces)
se olvida de cosas.

RASI

La pandilla de la ardilla estaba jugando en los columpios.

Pero no todo el mundo en el parque jugaba. Muy cerca, Alfredo, el jardinero, removía la tierra, sembraba, quitaba malas hierbas...

Y al pie del balancín,
Rasi los miraba pensando:
«¡Pues yo prefiero saltar de rama en rama!».
Irene se acercó al balancín.

Estiró los brazos, bajó de golpe el asiento que estaba en alto y se sentó.

–¡HIIIIII HIIII HIIIII! –empezó a chillar Rasi.

–¿Qué? –la animó Irene–. ¿Quieres subirte en el otro lado?

Pero Rasi no se subió.
En lugar de eso, corrió hacia Irene
y luego hacia el otro asiento.
Se puso a dar saltos.
Irene no entendía nada.

Rasi fue a buscar a Nora y a Ismael,
que estaban en los columpios.
Subió por la escalera y trepó encima de Aitor.
Luego volvió corriendo al balancín.

Nora, Ismael y Aitor fueron hacia allí. Ya estaban todos juntos.

Y Rasi no paraba de chillar.

Y de correr.

Y de saltar.

–¿Pero qué le pasa? –preguntó Ismael.

–No lo sé –dijo Irene–. Yo solo la he invitado a sentarse en el balancín.

–Tranquila, Rasi. Mira, no pasa nada –le explicó Aitor. Y se sentó en el otro lado.

Irene dio un pequeño bote al subir. Luego Aitor se impulsó hacia arriba, Irene bajó y Aitor, al llegar a lo alto, dio un bote más grande. Aitor pesaba menos que Irene.

Rasi volvió a chillar muy fuerte y a saltar muy alto.

–¿Qué te pasa, Rasi? –preguntó Ismael.

–Para mí que se ha comido un saltamontes –dijo Ismael.

–Para mí que ha tomado demasiado azúcar –dijo Irene–. Eso es lo que me dice mi padre cada vez que me ve correr.

–Te lo dice muy a menudo, ¿no? –comentó Aitor.

–Hiiii hiii hiiii –dijo Rasi.

Y saltaba y saltaba y saltaba.

–Me está poniendo nerviosa –dijo Irene.

–Para mí que quiere decirnos algo –dedujo Ismael.

Rasi se subió al brazo de Ismael como si fuera una rama.

Luego saltó otra vez al suelo y echó a correr hacia la puerta del parque de juegos. Salió, rodeó el parque por el otro lado del seto que estaba podando Alfredo, hasta que llegó junto al tronco de un árbol.

Los cuatro amigos la siguieron. Corriendo.

Rasi se subió al tronco del árbol.

–Ooooooh –dijo entonces Nora.

–Aaaaaah –dijo Ismael con la boca abierta–. ¡Parece una nube de algodón de azúcar!

–¡Es precioso, Rasi! –dijeron a la vez Irene y Aitor.

Al mirar hacia arriba,
habían descubierto una enorme bola
entre rosa y morada.
Lo que en realidad estaban viendo
era un montón de diminutas flores.
Acababan de brotar en el manzano.

Tan entretenidos estaban mirando las flores que perdieron de vista a Rasi.

Ismael fue el primero en darse cuenta de que había desaparecido.

–¿Dónde se ha metido Rasi?

De dentro de la nube de algodón, les llegó su voz:

–Hiiii hiiii.

Entre tanta flor, era difícil verla.
¿Dónde estaría?
–¿Alguien la ve? –preguntó Ismael.

(Me parece que esa pregunta también va por ti).

La pandilla de la ardilla estuvo un buen rato buscando hasta que localizaron a Rasi.

–¡Allí está! –dijo Aitor señalando hacia una rama.

–Y ahora sí que está quieta.

–Demasiado quieta –volvieron a decir a la vez Irene y Aitor.

Rasi estaba quieta como una estatua.

Los niños la estuvieron llamando:

–¡Rasiii! ¡Rasiiii!

Pero Rasi no se movía.

No bajó ni cuando Ismael le enseñó una piruleta.

Ni siquiera cuando Aitor le ofreció galletas de avellana, sus favoritas.

–Esto es rarísimo –dijo Irene.

El resto del recreo lo pasaron intentando hacer bajar a Rasi del árbol.

Sonó el timbre y la pandilla de la ardilla volvió a clase sin la ardilla.

En clase, Diego tuvo que llamarles la atención varias veces:

–¿Qué hacéis mirando por la ventana?

El profesor se asomó.

Primero vio a Alfredo, el jardinero.

–¿Lo veis? Todo el mundo está trabajando: Alfredo, yo, vuestros compañeros... Todos menos vosotros.

Pero la pandilla seguía mirando por la ventana.

Diego volvió a asomarse.
A la derecha vio el manzano.
–Ah, no me extraña que os despistéis
–dijo–. ¡Está precioso!, ¿verdad?
Hay que ver las cosas que hace la primavera.
Pero en realidad la pandilla
no miraba el manzano florido.
Lo que miraban era una mancha marrón
subida a una rama:
Rasi, quieta como una estatua.

Al día siguiente, Rasi siguió igual, quieta en aquella rama. Y al siguiente. Y al siguiente...

Al quinto día, Irene intentó trepar a lo alto del árbol.

«Será mejor que avisemos a Elisa», pensó Ismael.

Elisa apareció con una escalera larga
y con un casco.

–Vamos a ver
qué le pasa a esta ardilla.

Hiii

otro peldaño...
otro peldaño,
otro peldaño,
un peldaño,
Elisa subió

–¡No os lo vais a creer!
–exclamó Elisa desde lo alto–.
Rasi está encima de... ¡UN HUEVO!

Los cuatro miembros de la pandilla
abrieron los ojos como platos.

—¡Va a tener ardillitas!
—exclamó Aitor emocionado.

—¡No seas burro! —dijo Irene—. ¿Qué te crees que es Rasi? ¿Una ardilla gallina? ¡Las ardillas no ponen huevos! ¿A que no, Nora?

Nora dijo que no con la cabeza.
No entendía lo que estaba pasando.
Su padre era guarda forestal
y le había enseñado un montón
de cosas curiosas sobre el tema:
cucos que dejan sus huevos en otros nidos,
huevos de color azul...
Pero nunca le había hablado de ardillas
que pusieran huevos.

–Tiene que ser de un pajarito –dijo Nora. Estaba segura.

–Hiiiii hiiiiii –dijo Rasi desde lo alto.

Pero después del «hiiii hiiii»,
se oyó un «crac crac»,
y luego un enorme «¿HIIII HIIII?».
¡Acababa de nacer ALGO!

–¿Qué es? ¿Qué es?
¿Es una ardillita? –preguntó Aitor.
–¿Es una golondrina?
–preguntó Nora.
–¿Es un buitre leonado?
No será una serpiente, ¿verdad?
–preguntó Irene.
–¡Será un pingüino!
–se imaginó Ismael–.
Habrá pensado que está
en una bola de nieve rosa.

Pero ninguno había acertado.
Elisa bajó la escalera
con mucho cuidado.
En el bolsillo de su peto
llevaba al recién nacido.
O recién nacida.
En el hombro llevaba a Rasi.

Elisa sacó del bolsillo, con cuidado, al animalito. Asomaba entre los restos del huevo.

–¡Es una tortuguita! –exclamaron todos.

–Pe... pe... pero... ¿cómo ha llegado a lo alto del árbol? –preguntó Nora.

Rasi volvió a chillar y a saltar.

–Sobre eso no tengo ni idea –dijo Elisa–. Pero creo que tengo una ligera idea de dónde está su mamá.

Rasi abrazó a la tortuguita con todas sus fuerzas. Al hacerlo, la cáscara del huevo hizo «crac».

–¿Rasi? –preguntaron–. ¿Es Rasi su mamá?

Rasi gritó: «¡HIIIII HIIIII!».

Pero Elisa dijo:

–Noooo.

Entonces les explicó que Alfredo, el jardinero, vivía con una tortuga llamada Silver y que a veces se la llevaba a trabajar.

–Seguramente esta pequeñuela será hija de Silver. Pero sigo sin explicarme cómo demonios ha llegado a lo alto del manzano.

Rasi volvió a abrazar a la tortuguita. No había forma de coger a la tortuga sin coger también a Rasi. La ardilla estaba dispuesta a protegerla como si fuera su hija.

–¿Cómo la llamaremos? –pensó Ismael.

–¡Manzana! –propuso Irene.

Lo cierto es que aquella tortuga había nacido en un manzano.

–¡Tengo una idea! –dijo Nora–. ¿Y si la llamamos Golden? Es un tipo de manzana.

–¡Es perfecto! –dijo Aitor–. Golden significa en inglés «de oro». Y su madre se llama Silver, que significa «de plata».

–Hola, Manzanita –dijo Ismael, intentando alcanzarle la carita, escondida entre los brazos de Rasi.

Golden aún tenía parte del cuerpo dentro de los restos de la cáscara de huevo. Sacaba con cuidado la cabecita del caparazón y miraba alrededor con ojos curiosos.

Rasi la abrazaba con fuerza.

–Menos mal que tiene un buen caparazón –comentó Irene–. Si no, Rasi la despachurra.

Elisa sacó el móvil
para buscar el teléfono de Alfredo.
Rasi abrazó aún más fuerte a Golden.

–Nada. No responde.
Con lo viajero que es,
seguro que se ha ido fuera...

Rasi sonrió de oreja a oreja.

Ismael e Irene fueron con Elisa, Rasi y Golden al cuarto de mantenimiento.

Rasi y Golden se acomodaron dentro de la chistera de Elisa.

Luego, Elisa se fue a secretaría. Mientras tanto, Aitor y Nora se acercaron a la biblioteca a consultar qué podían dar de comer a la tortuga.

Unos minutos después, todos volvieron a juntarse en el cuarto de mantenimiento.

–¡Ya sabemos lo que comen las tortugas! –informó Nora–. Maíz, lechuga, sandía, espinacas, col, zanahoria... Un montón de frutas y verduras. Pero no se les puede dar queso ni judías ni guisantes.

–¿Y lasaña? –preguntó Irene.

–No sé –dijo Aitor–. Pero también pueden comer lombrices. Ah, y tienen que beber agua.

–Bien hecho
–los felicitó Elisa por la información–.
Parece que vamos a tener que cuidar unos días de Golden. Alfredo se ha ido a Japón a hacer un curso de bonsáis.

–¡BIEEEEN!
–gritaron mientras saltaban con los brazos en alto.

Durante unos días, todos,
y especialmente Rasi, cuidaron de Golden.

Rasi le hablaba, le cantaba nanas
(en idioma ardilla, claro),
masticaba trozos de zanahoria
para dárselos después blandos y templados...
Hasta llegó a masticar una lombriz
para completar su dieta.

Golden parecía feliz con Rasi
y Rasi parecía feliz con Golden.

Al tercer día,
Golden dijo su primer «HIIII».

–¡Le has enseñado idioma ardilla!
–exclamó Aitor.

Pero llegó el día de regreso de Alfredo.
A media mañana,
mientras los niños estaban en clase,
Alfredo llegó al colegio.
–Gracias por avisar
–dijo a Elisa nada más verla.
–Ha sido un placer
tener a Golden con nosotros
–contestó Elisa.

–¿Golden? –se sorprendió Alfredo.

Elisa le hizo un gesto para que le siguiera y le llevó hasta el cuarto de mantenimiento.

Alfredo llevaba una gabardina amplia con dos grandes bolsillos.
Del de la derecha asomó la cabeza de una tortuga. Era Silver.
Estaba deseando conocer a su cría perdida.

–¿Dónde está? –preguntó Alfredo.

Elisa señaló hacia la chistera.

Alfredo se acercó con cuidado. Miró dentro y... No vio nada.

–¿Es una chistera mágica? ¿Tiene truco? –preguntó a Elisa.

Elisa se acercó a mirar.

Allí no había nada. Ni rastro de Rasi, ni rastro de Golden.

–¡No me lo puedo creer! –exclamó Elisa–. ¡Rasi! ¡Rasi! ¿Dónde se habrá escondido?

Elisa miraba alrededor buscando.

–¿Rasi? –dijo Alfredo extrañado–. ¿No se llamaba Golden?

Pero Elisa no respondió. Directamente salió del cuarto y fue hacia la clase de la pandilla de la ardilla. Pidió permiso a Diego para que salieran al pasillo.

–¿Qué pasa? ¿Qué pasa? –preguntó Irene.

–¿Habéis visto a Rasi? ¿Está con vosotros?

Los niños se miraron unos a otros. Ninguno sabía dónde estaba Rasi.

–Dónde no sé –dijo Aitor–. Pero con quién, está claro. Seguro que está con Golden.

–Ya, es que ese es el problema –contó Elisa–. Alfredo ha vuelto de Japón y ha venido a buscarla, pero no hay rastro ni de Rasi ni de Golden.

Los niños levantaron la vista
y descubrieron al jardinero,
unos pasos detrás de Elisa.

Alfredo levantó la mano para saludarlos.
De dentro del bolsillo derecho,
Silver sacó la cabeza.

–Seguro que se ha escondido
para que no se lleven a su manzanita
–dijo Ismael.

–No, no, yo no quiero ninguna manzana
–dijo Alfredo confuso–.
Solo vengo a por la tortuga.

La pandilla ayudó a Elisa
a buscar a Rasi y a Golden.
Buscaron por todo el cuarto de mantenimiento.
En cada cajón. Dentro de cada armario.
Hasta en la papelera y la caja de herramientas.

Luego, Nora y Aitor salieron
a buscar por el pasillo.
Irene, en el recreo, corrió a mirar
por donde estaban los árboles.
Ismael buscó en los columpios.
Elisa y Alfredo buscaron en secretaría
y en la sala de profesores.

Un rato después
volvieron a juntarse todos.

–Nada –informó Elisa–.
Seguimos sin noticias de Rasi y Golden.

–¿Sin noticias? –repitió Ismael.

Se le acababa de ocurrir una idea. ¿Y si...?

–¡Un momento!

Ismael fue corriendo a mirar al buzón.
Levantó la solapa metálica y...

Cuatro ojitos lo miraron
con cara de carta de disculpa.

Se oyó entonces
un doble «HIIII HIIII HIIII».

Rasi se había escondido en el buzón con la pequeña Golden y un par de hojas de lechuga.

–¡Pero Rasi! –dijo Elisa mientras abría la puerta del buzón para que salieran.

–Pobre –dijo Ismael comprensivo–. Le dará pena que se vaya Golden.

Rasi abrazó con fuerza a la tortuguita.

Pero en ese momento, Golden no era la única cría de tortuga que había allí. Del bolsillo izquierdo de Alfredo asomaron cuatro cabecitas.

–¡Son las hermanas de Golden! –exclamó Nora nada más verlas.

Los cuatro niños se acercaron a verlas. Cada uno cogió a una.

–Las hermanas... y los hermanos –precisó Alfredo–. Hay dos hembras y dos machos.

–¿Cómo se llaman? –preguntó Aitor sin dejar de acariciar a la tortuguita que tenía en la mano.

–No tienen nombre aún.

–¿Puede una llamarse Irene? –dijo Irene al vuelo.

Al momento,
los demás miembros de la pandilla
se apuntaron a la idea.
Aitor propuso que en lugar de llevar
sus nombres a secas,
las tortugas se llamaran Tortuirene,
Tortunora, Tortuismael y Tortuaitor.

Alfredo se rio.

–Podría ser, podría ser.
Pero ahora dejadme ver a esta pequeña.

Cogió con cuidado a Golden. No fue fácil. Rasi la abrazaba con fuerza y le costó separarla de sus manos. Cuando por fin la tuvo sobre la palma de la mano dijo:

–Habéis hecho un buen trabajo. Se nota que la habéis cuidado muy bien.

–Ha sido Rasi, sobre todo –reconoció Ismael.

Rasi sacó pecho orgullosa.

–Está sana –siguió diciendo Alfredo–. Y es preciosa.

Y entonces Golden hizo algo
que Alfredo no esperaba: «HIII HIII».

–¡Y habla idioma ardilla! –dijo entre risas.

La pandilla aún estuvo un rato
con las tortugas y con Alfredo.

Cuando Alfredo anunció
que era la hora de irse con Silver,
Golden y la tortupandilla,
todos se quedaron un poco tristes.
Especialmente Rasi.

En el momento de la despedida, Nora tuvo que sujetarla porque no había manera de que soltara a Golden.

Los vieron alejarse lentamente, como se alejan las tortugas.

Las despedidas rápidas son menos dolorosas.

Las despedidas lentas son más tristes. Pero lo bueno es que da tiempo a despedirse de verdad.

Durante un buen rato,
la pandilla entera estuvo agitando la mano,
diciendo adiós a aquel desfile de tortugas
que andaba detrás de Alfredo.
Hasta el sol quiso despedirse,
borrado por las nubes.

En los días siguientes,
Rasi apenas salió de la chistera.
No tenía ganas de chillar, ni de correr,
ni de saltar, ni de jugar...

Cada día la pandilla iba a verla.
Nora la cogía en brazos y la acariciaba.
Aitor le traía galletas de avellana.
Irene le hacía cosquillas en la planta de los pies.
Ismael la abrazaba. Rasi suspiraba.

–Golden estará bien. Tú la cuidaste, pero ahora tiene que estar con su mamá –le dijo Nora.

–No solo la cuidó –dijo Elisa–. Le dio algo más. Algo muy especial.

Los niños se miraron unos a otros.

–¿Mimos? –preguntó Ismael.

–Sí. Pero todos le dimos mimos. Rasi le dio algo que solo podía darle ella.

–¿Lombrices masticadas? –intentó adivinar Irene.

–Bueno, no me refería a eso.

–Hiiii hiiii –dijo Rasi con voz débil.

–Exacto –dijo Elisa–.
Le diste una lengua.
Y ahora, en algún lugar del mundo,
hay una tortuguita que puede hablar
con las ardillas.

Rasi volvió a suspirar.
Lo que ella quería era que Golden
hablara con ella.

–Te entiendo –dijo Elisa–.
Yo también siento algo parecido
cada vez que los niños se van del colegio.
Pero es así. Se tienen que ir. ¿Y sabes?
¡A veces me vienen a ver!
O me envían cartas. O...

Rasi no terminó de oír
lo que Elisa estaba contando.
Salió disparada al buzón.
Y lo que allí encontró fue...

HIIIII RASI:

¿HIIIII HIIII?
HIIII HIIIII HIIII HIIII. HIIII HIIIII HIIII. ¡HIIII!
HIIII HIIIII HIIII HIIII HIIII HIIIII HIIII. ¿HIIII
HIIII? ¡HIIII! HIIII HIIII HIIIII HIIII. HIIII
HIIII HIIIII HIIII.
¿HIIII HIIII HIIIII? HIIII. HIIIII HIIII HIIIII HIIII
HIIIII HIIII HIIIII HIIII HIIIII HIIII. ¡HIIIII HIIII!
HIIII HIIII HIIIII HIIII. HIIIII HIIII. HIIIII HIIII.
HIIIII HIIII,

Golden

P.D.: HIIIII HIIIII HIIII

RASI
Colegio Antonio Machado
Junto al manzano

Que, como todo el mundo sabe, significa en idioma ardilla:

Querida Rasi:

¿Qué tal estás?

Te echo de menos. Pero estoy muy contenta. ¡Sí!

Alfredo nos ha llevado a mis hermanos y a mí de viaje. ¿Sabes dónde? ¡A Miami! Aquí hay muchas tortugas, pero de agua. Lo malo es que, como no hablo su idioma, no las entiendo.

¿Sabes cómo llegamos a Miami? En avión. Me gustó mucho volar. Lo echaba de menos desde aquella vez que, aún siendo un huevo, volé catapultada desde el balancín a la rama. ¡Menos mal que caí en el nido! Y, sobre todo, menos mal que tú me viste y me cuidaste. Gracias, Rasi. Eres la mejor.

Te quiero,

Golden

P.D.: En cuanto volvamos de viaje, voy a visitarte.

¿Y tú?

Piensa en una persona
que haya sido importante para ti
y que ya no esté contigo.
Puede ser una profesora de Infantil,
un compañero de guardería,
un tío que se ha ido a vivir lejos...

¿Sabes que hay un truco
para sentir que está más cerca?
¡Escríbele unas líneas!
Durante el rato que le estás escribiendo,
será como si estuvieras con esa persona.

(Y luego, si te animas, puedes escribirlas
en una postal en limpio y mandárselas
de verdad).

¡Doble truco!
Ahora, cada vez que leas estas líneas,
también será como volver con esa persona.
¡Y esto sirve
aunque hayan pasado muchos años!
Este truco no caduca.

TE CUENTO QUE A DANI MONTERO...

... desde pequeño le ha gustado descubrir cosas. De niño le encantaba explorar su entorno; sobre todo, la aldea en la que vivían sus abuelos. Hoy en día, no ha perdido el hábito y disfruta haciendo senderismo y adentrándose en zonas desconocidas. Aprovecha el tiempo que tiene para descubrir todo lo que puede. Y esta es una de las razones por las que le gusta su trabajo, pues, cuando comienza a ilustrar, nunca tiene claro qué saldrá al final. Así que cada trazo es un descubrimiento. ¡Y le encanta que así sea! Siente que da vida a pequeños universos que antes no existían.

Dani Montero nació en Catoira (Pontevedra). Sus inicios profesionales fueron en el campo de la animación, tanto en largometrajes como en series. Ha sido galardonado con diversos premios. El último lo obtuvo en 2009 por su novela gráfica *Sin mirar atrás*, traducida a tres idiomas.

Si quieres saber más sobre él, visita su blog:

www.danimonteroart.com/es/blog

TE CUENTO QUE BEGOÑA ORO...

... sabe que abrazar con mucha fuerza puede ser muy peligroso. Lo aprendió ya de pequeña. En esa época, su abuela tenía una lechuza, Félix, y quince nietos. Uno de ellos era muy cariñoso. Tan cariñoso que un día abrazó muy muy fuerte a Félix, y Félix, Félix... Bueno, es una triste historia. ¿Y qué se puede aprender de ella y de esta historia de Rasi? Que el exceso de amor puede ser mortal sin caparazón. Y esta es una lección que te cuenta Begoña de corazón. (Seguramente la olvidarás, pero es normal. ¡No es fácil acordarse de medir las fuerzas cuando uno quiere a alguien!). ¡Ah! Y puedes abrazar a Rasi todo lo fuerte que quieras.

Begoña Oro nació en Zaragoza y trabajó durante años como editora de literatura infantil y juvenil. Ha escrito y traducido más de doscientos libros: infantiles, juveniles, libros de texto, de lecturas... Además, imparte charlas sobre lectura, edición o escritura.

Si quieres saber más sobre Begoña Oro, visita su web:

www.begonaoro.es